学校給食のすべてがわかる！

# ザ・給食

いただきます！

監修／赤松利恵
（お茶の水女子大学教授）

岩崎書店

# もくじ

## 学校給食ってなんだろう？ …… 4
## 給食のこんだてを見てみよう …… 6
給食はバランスのお手本

5つの料理グループ

## 給食にはどんな栄養があるの？ …… 8
体に必要な「五大栄養素」ってなに？

給食の栄養

各栄養素がふくまれるおもな食品

## 給食ができるまで …… 12
給食調理場の1日

## 給食のこんだてはだれが考えている？ …… 20
学校栄養士ってどんな人？

こんだてはどうやって考えているの？

食の大切さを伝える

学校栄養士の先生に聞きました！

### ★給食の日本一をきそう　全国学校給食甲子園 …… 24

## 給食の食材はどこから来るの？ …… 26
進む地産地消のとりくみ

農家と給食をつなぐとりくみ

給食の食材はどのようにつくられている？

## 食品ロスってなんだろう？ …… 34
日本人の食品ロスは毎日おにぎり1個分
食品ロスはなぜ生まれる？
食品ロスはなぜ問題なの？
学校給食の食品ロスはどのくらい？
食品ロスをへらすとりくみ

## マナーを守って楽しく安全に食べよう …… 38
給食の準備
配ぜんのきまり
もりつけのコツ
安全に気持ちよく食べよう
食べるときに注意が必要な食べ物

## ご当地給食はい見！ …… 50
郷土料理の給食
ご当地グルメの給食
給食に世界のグルメ
給食のオリジナルメニュー

## ★子ども食堂ってなんだろう？ …… 42

## 学校給食の歴史 …… 44
小・中学生に聞いた！
好きな給食メニューランキング

## 世界の給食を見てみよう …… 56
世界ではどんな給食が出るの？
いろいろな国の給食をくらべてみよう
子どもたちの未来を開く学校給食

## つくってみよう！給食の人気メニュー …… 59
キムタクごはん
チキンチキンごぼう
トリニータ丼

さくいん …… 62

3

# 学校給食ってなんだろう？

　みなさんは給食が好きですか？　なかには給食の時間が1日でいちばんの楽しみという人もいるかもしれません。そんな給食がなぜあるのか、知っていますか？
　給食の最も大切な役割は、育ちざかりの体に必要な栄養をきちんととって、元気な体をつくることです。ほかにも、食べることの大切さや、食べ物への感謝の気持ち、みんなでいっしょに食べる楽しさなど、給食にはたくさんの学びがつまっています。これらの学校給食の役割は、「学校給食法」という国の法律で定められています。

# 学校給食の7つの目標

**1 健康な体をつくろう**
給食をきちんと食べて元気な体をつくろう。

**2 正しい食習慣を身につけよう**
栄養のはたらきや、健康によい食事のとり方を知ろう。

**3 みんなで協力しあい、楽しく食べよう**
みんなで準備をしたりいっしょに食べたりして、友だちとなかよくなろう。

**4 生命・自然のめぐみに感謝しよう**
食材が自然のめぐみだと知り、命に感謝して食べよう。

**5 はたらく人たちに感謝して食べよう**
給食をささえるさまざまな人のはたらきに感謝して食べよう。

**6 地域の伝統的な食文化を知ろう**
伝統的な和食や、住んでいる地域の食文化を知り、未来につなげよう。
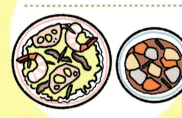

**7 食を通して社会のしくみを知ろう**
食材がどこでどのようにつくられ、どうやって運ばれるか考えよう。

いただきます

「学校給食法」第2条より

# 給食のこんだてを見てみよう

1食の給食は、いくつかの料理の組み合わせでできています。
この組み合わせを「こんだて」といいます。こんだてにはどんなきまりがあるのでしょうか。

## 給食はバランスのお手本

じょうぶな体をつくり、健康にくらすためには、バランスのよい食事がかかせません。でも、バランスのよい食事ってどんなものかわかりますか？

学校給食では、1日に必要な栄養の約3分の1がとれるように、こんだてが考えられています。他にも、いろどりや味、調理法などのバランスも考えてつくられているので、給食のこんだてをお手本にすれば、1回の食事でどんなものを、どれだけ食べるといいかわかります。

## 5つの料理グループ

給食のこんだては、「主食」「主菜」「副菜」「牛乳」「くだもの」の5つのグループの組み合わせでできています。この5つをそろえると、栄養のバランスが自然にととのいます。

伝統的な和食にも、「一汁三菜」とよばれる、ごはんと汁もの、おかず3品（主菜と副菜）をそろえるこんだてのつくり方があり、健康に必要な栄養素がバランスよくふくまれます。

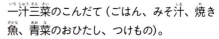
一汁三菜のこんだて（ごはん、みそ汁、焼き魚、青菜のおひたし、つけもの）。

# 5つの料理グループ

## くだもの
季節のくだものやデザート。おもに体の調子をととのえる栄養がとれる。

## 主菜
肉や魚、たまごなどを使ったメインになるおかず。おもに体をつくる栄養がとれる。

## 牛乳
ほねや歯をじょうぶにするカルシウムがとれる。

## 副菜
野菜やきのこ、いも、海そうなどが入ったおかずや汁もの。おもに体の調子をととのえる栄養がとれる。

## 主食
ごはんやパン、めん。おもに体を動かすエネルギーのもとになる栄養がとれる。

### Qクイズ
□にどの料理をくわえたら、バランスのよいこんだてになる？

1. ミートソーススパゲティ
2. コロッケ
3. みそ汁

答えは次のページ

# 給食にはどんな栄養があるの?

給食で食べるごはんや肉、野菜などの食べ物には、みんなが成長したり元気に遊んだりするために必要な栄養素が入っています。

## 体に必要な「五大栄養素」ってなに?

体の成長や健康に必要なおもな栄養素には、「炭水化物」「たんぱく質」「脂質」「ビタミン」「ミネラル」の5つのグループがあり、「五大栄養素」とよばれています。

この5つの栄養素は体の中で、「体をつくる」「エネルギーのもとになる」「体の調子をととのえる」の3つのはたらきをします。

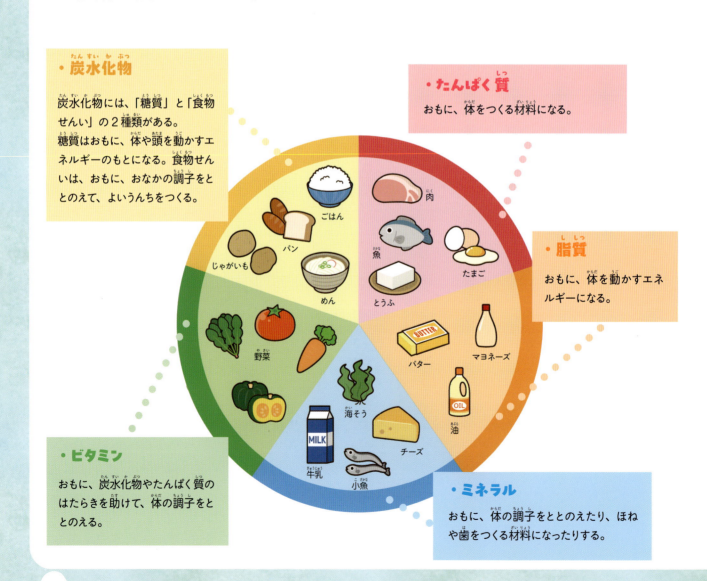

**・炭水化物**
炭水化物には、「糖質」と「食物せんい」の2種類がある。糖質はおもに、体や頭を動かすエネルギーのもとになる。食物せんいは、おもに、おなかの調子をととのえて、よいうんちをつくる。

**・たんぱく質**
おもに、体をつくる材料になる。

**・脂質**
おもに、体を動かすエネルギーになる。

**・ビタミン**
おもに、炭水化物やたんぱく質のはたらきを助けて、体の調子をととのえる。

**・ミネラル**
おもに、体の調子をととのえたり、ほねや歯をつくる材料になったりする。

8　7ページのクイズの答え **3** みそ汁

# 給食の栄養

五大栄養素をバランスよくとるためには、いろいろな食材を食べる必要があります。給食に使われている食材の例を見てみましょう。食材の円の色は、8ページの五大栄養素の色に対応しています。

## コラム

### 栄養がたりないとどうなるの？

五大栄養素は、それぞれが影響しあって、体の中ではたらいています。食べる量が少なかったり、にがてなものをさけて好きなものだけを食べていると、栄養が足りなくなってしまいます。

栄養がじゅうぶんにとれないと、背がのびなくなったり、ほねや歯が弱くなったり、病気になりやすくなったりします。元気に遊び、勉強するためにも、毎日きちんと栄養をとることが大切です。

# 各栄養素がふくまれるおもな食品

　五大栄養素のほとんどは体の中でつくることができないので、毎日の食事からとらなければなりません。それぞれどんな食べ物にふくまれているか見ていきましょう。「1日に必要な量」は10～11歳の男子のめやす。食品の（　）はおおよその一人分の量です。

## ●炭水化物　1日に必要な量【338g】
エネルギーのもとになる。

ごはん（1ぜん）55.7g

食パン（6まい切り1まい）27.8g

じゃがいも（1個）23.9g

うどん（1玉）3.2g

## ●食物せんい　1日に必要な量【13g】
おなかの調子をととのえて、お通じをよくする。

えのきだけ（1/4束）1.0g

わかめ（生20g）0.7g

ごぼう（60g）3.4g

レタス（3まい）0.9g

## ●脂質　1日に必要な量【63g】
体を動かすエネルギーになる。

ぶたひき肉（80g）14.2g

バター（大さじ1）9.7g

さんま（生1匹）33.2g

アーモンド（10粒）5.2g

## ●たんぱく質　1日に必要な量【72g】
筋肉、ひふ、かみの毛、つめ、歯など体をつくる。

さけ（1切れ）15.6g

チーズ（20g）4.5g

たまご（1個）6g

牛乳（200mL）6.6g

## ●ビタミンA　1日に必要な量【600μg】
目やひふをじょうぶにする。病気をふせぐ。

うなぎ（かば焼き・100g）1500μg

とりレバー（40g）5600μg

にんじん（1/3本）360μg

ほうれんそう（1/2束）350μg

## ●ビタミンB₁　1日に必要な量【1.2mg】
炭水化物がエネルギーになるのを助ける。

ぶたヒレ肉（100g）1.3mg

えだ豆（50g）0.16mg

たらこ（1/2はら）0.36mg

とうふ（きぬごし・1/4丁）0.1mg

1000μg（マイクログラム）＝1mg

出典：文部科学省「日本食品標準成分表（八訂）増補2023年」

## ●ビタミンB₂
1日に必要な量【1.4mg】 脂質がエネルギーになるのを助ける。ひふやねんまくを健康にたもつ。

さけ（1切れ）0.17mg

干ししいたけ（2個）0.07mg

ブロッコリー（30g）0.07mg

焼きのり（1まい）0.07mg

## ●ビタミンC
1日に必要な量【85mg】 ひふやねんまくを健康にたもつ。病気をふせぐ。

じゃがいも（1個）42mg

みかん（1個）32mg

パプリカ（1/4個）64mg

キウイフルーツ（1個）71mg

## ●カルシウム
1日に必要な量【700mg】 ほねや歯をつくる。

ししゃも（3尾）198mg

牛乳（200mL）220mg

小松菜（1/4束）162mg

アイスクリーム（1カップ）99mg

## ●マグネシウム
1日に必要な量【180mg】 ほねや歯をつくる。体の調子をととのえる。

ほたて（貝柱3個）25mg

そば（1人前）54mg

がんもどき（2枚）74mg

バナナ（1本）38mg

## ●鉄
1日に必要な量【8.5mg】 血液の材料になる。

ぶたレバー（60g）7.8mg

ほうれんそう（1/2束）2mg

あさり（50g）0.4mg

豆乳（200mL）2.4mg

## Qクイズ
たんぱく質が豊富なことから「畑の肉」とよばれているのはどれ？

1 じゃがいも

2 大豆

3 米

答えは次のページ

11

# 給食ができるまで

みなさんが食べている給食は、どのようにつくられているのでしょうか。学校給食調理場の1日を追いかけて見てみましょう。

## 給食調理場の1日

東京都武蔵野市にある桜堤調理場では、市内の小学校2校と中学校6校、合わせて8校の給食をつくっています。給食のある日は毎日、50人弱の調理員が力を合わせて約3000人分の給食をつくります。

**今日のこんだて**
・さつまいもごはん
・とうがん汁
・つくね焼き
・ひじきのいためもの
・牛乳

## 1 身じたくをする

朝7時半、最初の作業をする調理員が出勤してきます。白衣に着がえて、よごれを調理室に持ちこまないように、せいけつにします。

服についたほこりなどを、粘着ローラーでくっつけてとります。

せっけんで手をあらい、つめの間もブラシを使って念入りにあらいます。最後にアルコールでしょうどくします。

エアシャワーという機械の中で、強い風をあびてほこりをふきとばします。

12　11ページのクイズの答え **2** 大豆

## 2 食材がとどく

その日の給食に使う食材を受け取ります。生の肉や魚から細きんがうつらないように、肉魚類と野菜類で受け入れる入り口が分かれています。

とどいたひき肉は、重さをはかったあとバットにうつし、ほぐして点検します。

この日に使うとうふは60kg。受け取る作業は力仕事です。

とうふが決められた温度でとどいたか、温度計で確認します。

### コラム　食材のローリングストック

武蔵野市の給食調理場では、万が一の災害や事故にそなえて、米、かつおぶし、みその3つの食材をローリングストックしています。

ローリングストックとは、食材を多めに買っておき、先に買った分から順番に使っていって、使った分をまた買い足す方法です。いつも一定の量が保管されていて、いざというときでも数日間は食事を提供することができます。

13

## ③ 皮をむく・あらう

野菜は皮をむいたり、種などを取りのぞいたりしてから、水であらって土などのよごれをおとします。

にんじんは機械にかけて、皮をけずってむきます。

機械にかけた後にも手作業でていねいに取りのぞきます。

赤ピーマンを切って、へたと種を取りのぞきます。

シンクで野菜をあらいます。土や虫がついていないか、ひとつひとつ目で確かめながらていねいにあらいます。

### コラム 野菜は何回あらうの？

畑でとれた野菜には、土などのよごれや虫、細きんなどがついています。これらを取りのぞくために、野菜は3回あらうと決められています。桜堤調理場では、3つに分かれたシンクで、順番に3回あらっています。

キャベツや小松菜などの葉もの野菜は、土ののこりやすい根元を切って葉をバラバラにしてからあらいます。

野菜をあらう「3そうシンク」

## ④ 切る

あらった野菜を調理室に運び、使う料理に合わせた形に切ります。

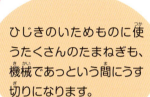

つくね焼きに使うねぎは、機械を使って小口切りにします。

ひじきのいためものに使うたくさんのたまねぎも、機械であっという間にうす切りになります。

機械で切る野菜も、機械にかけやすい大きさに手作業で切ります。

機械では切れない野菜は、手作業で切ります。とうがん汁に使うとうがんを、包丁を使って手ぎわよく切ります。

15

## 5 調理する

焼く・にる・むす・いためる・油であげるなどの調理をしていきます。

### ・とうがん汁

こんぶとかつおぶしを使って、とうがん汁に使うだしをとります。大きなかまは、1つで1000人分も作ることができます。

にんじん、とうがん、はるさめ、小松菜などの具材を順番に入れて、にていきます。塩・しょうゆなどで味つけをして完成です。

### ・つくね焼き

とうふ、ひき肉、ねぎ、しょうがなどをまぜたタネを、一人分ずつ丸めて、天板に並べます。

中学生のものは、機械を使って成形します。

成形したタネは、できたものから順番にスチームコンベクションオーブンで焼き上げます。

16

## ・さつまいもごはん

大量のごはんをおいしくたくために、お湯をふっとうさせてから米を入れる「湯だき」という方法でごはんをたきます。途中で具材のさつまいもとこんぶ、塩などの調味料を加えます。

さつまいもごはんがたき上がりました。温度計を使って3か所の温度をはかり、正しい温度になっているか確認します。

でき上がった料理は一部をビニールぶくろに入れてとっておきます。万が一食中毒がおきても、どの食材や料理が原因になったのか確かめられるようにするためです。すべての食材とできあがりの料理が、2週間冷凍保管されます。

## ・ひじきのいためもの

大きなかまで、ぶた肉とひじき、たまねぎをいためます。大きなしゃもじを使って、まんべんなくかきまぜます。

塩・しょうゆなどで味つけし、最後に小松菜と赤ピーマンを入れて、いろどりよく仕上げます。

# ⑥ とどける

できあがった給食を、学校ごと、クラスごとに分けて、トラックで各学校に運びます。

焼き上がったつくねを、数をかぞえながら食缶に入れていきます。

さつまいもごはん、ひじきのいためもの、とうがん汁は、クラスの人数分になるように、重さをはかりながら分けていきます。

クラスごとに分けられた給食は、調理室のとなりにあるコンテナ室に運ばれて、手早く学校ごとのコンテナに入れられます。

コンテナをつんだトラックが、各学校に向けて出発します。この日も、無事に給食の時間に間に合いました！

## 7 かたづける

午後1時30分、各学校から使い終わった食器や食缶、配食器具などを回収したトラックがもどってきます。食器などをあらって、しまいます。

食べのこしやこびりついたよごれをあらいおとします（予あらい）。

予あらいがすんだ食器を全自動食洗機であらいます。

あらい終わった食器は、1つ1つ目で確認して、よごれがのこっているものは、もう一度あらいます。

食べのこしは重さをはかり、野菜などの切りくずなどといっしょに、リサイクルに回されます。

## コラム 調理員のエプロンの色がちがうのはなぜ？

調理員のエプロンは、作業ごとに色分けされています。調理エリアによごれを持ちこまないようにして、給食の安全を守るためのくふうです。

### 桜堤調理場の場合

野菜の皮むきなどをする人。

生の肉・魚をあつかう人。

調理をする人。

19

# 給食のこんだてはだれが考えている？

毎日食べている給食のこんだては、学校栄養士が考えています。
学校栄養士の仕事を見てみましょう。

## 🍴 学校栄養士ってどんな人？

学校ではたらく栄養士は「学校栄養士」とよばれ、栄養士または管理栄養士の資格を持つ栄養の専門家です。また栄養や食事に関する授業を行う栄養教諭という先生の場合もあります。

また給食のこんだてを考えるだけでなく、考えたこんだてをもとに食材を注文したり、調理員に食材の切り方や調理方法の指示を出すのも、栄養士の仕事です。

## Q クイズ

**小学校の6年間で食べる給食は、およそ何回？**

1. およそ800回
2. およそ1000回
3. およそ10000回

答えは22ページ ➡

東京都武蔵野市桜堤調理場のこんだて表

20

# こんだてはどうやって考えているの?

　学校栄養士は、必要な栄養がとれるように、食材の組み合わせや、効率よく栄養がとれる調理法を考えて、こんだてを決めます。そのほかにも、調理の作業の流れや、旬の食材が使われているかなど、いろいろなことを考えます。

　肉や魚、野菜など、さまざまな食材をおいしく食べてもらえるように、味つけや調理方法にも工夫をこらしています。

## ●こんだてを決めるときに考えること●

### 必要な栄養の量を満たしているか?

たんぱく質 / ビタミン / 炭水化物 / ミネラル

### 食材や調理方法が重なっていないか?

あげもの / にもの / 焼きもの

### 同じようなメニューが続いていないか?
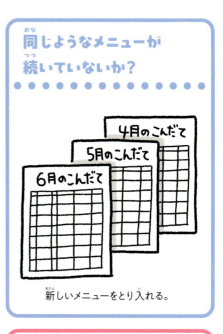
新しいメニューをとり入れる。

### 決まりを守って安全に、時間内につくれるか?

生ものは出せない / 決められた時間内につくる

### 旬の食材を使っているか?
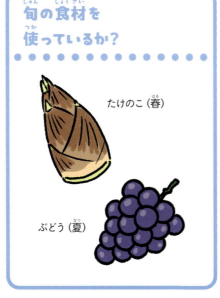
たけのこ(春) / ぶどう(夏)

### 季節や行事に合わせたメニューはあるか?

ひなまつり / こどもの日

## 食の大切さを伝える

　学校栄養士の仕事は、給食のこんだてづくりだけではありません。給食の時間などにクラスを回って、栄養や食材についての授業を行います。

　栄養のことをわかりやすく伝えるために、オリジナルの教材をつくったり、行事にちなんだ給食メニューの紹介や、野菜の生産地を紹介する「給食だより」をつくったりします。

行事とメニューを紹介する「給食だより」。

学校栄養士が工夫をこらしてつくった紙しばい。

### コラム

### 「まごわやさしい」ってなに？

　「まごわやさしい」は、健康になるために食べるとよい7種類の食材の最初の文字をならべたものです。7種類の食材とは、「まめ」「ごま」「わかめ」「野菜」「魚」「しいたけ」「いも」のことで、これらを毎日食べることで、栄養バランスがととのい、健康になれると言われています。

- **ま**・・・まめ（大豆、とうふ、なっとうなど）
- **ご**・・・ごま（くるみ、アーモンド、ピーナッツなども）
- **わ**・・・わかめ（ひじき、こんぶ、のりなどの海そう）
- **や**・・・野菜
- **さ**・・・魚（魚、エビなどの魚かい類）
- **し**・・・しいたけ（きのこ）
- **い**・・・いも（じゃがいも、さつまいも、里いもなど）

22　20ページのクイズの答え **2** およそ1000回

# 学校栄養士の先生に聞きました！

東京都武蔵野市の学校栄養士、田中浩子さんにお話を聞きました。

## こんだてを考えるときに工夫していることは？

なるべく旬の食材を取り入れるようにしています。地元の武蔵野市では、多くの種類の野菜がつくられているので、季節ごとに地元でとれる野菜を使うようにしています。2・3月には、給食ではめずらしい、うどを使います。いろいろな食材を食べる体験をしてもらいたいので、家庭では取り入れづらい切り干し大根やひじきも、使うようにしています。

## こんだてづくりで苦労することは？

子どもたちに人気のあるメニューにすれば食べのこしがへりますが、いつも同じメニューばかりでは栄養がかたよってしまいます。必要な栄養がとれて、楽しく、おいしく食べてもらうにはどうしたらいいか、そのバランスがむずかしいですね。食材に使える費用も決まっているので、その中でのやりくりにも苦労しています。

## 新しいメニューはどうやって考えている？

こんだてがマンネリ化しないように、2～3か月に1度くらい、新しいメニューを取り入れます。新メニューのアイデアは、栄養士の研究会で情報を交換したり、他の学校の給食や本も参考にしたりします。そして給食がないときに試作します。今まで考えたなかで、「武蔵野野菜と鶏さんの出会い」は今でも子どもたちに人気があります。

### コラム

#### 学校栄養士になるには？

学校栄養士になるには、栄養士または管理栄養士の資格が必要です。高校卒業後、栄養士または管理栄養士養成課程の大学や短期大学、専門学校で、2～4年かけて栄養の指導や給食の管理、調理の方法などを学び、栄養士の資格をとります。栄養士養成課程の場合は、卒業後栄養士として1～3年経験をつんだ後、管理栄養士養成課程の場合は、卒業後、国家試験を受験することができ、合格すると管理栄養士の国家資格をえることができます。そして各都道府県が行う学校栄養士の採用試験に合格すると学校栄養士としてはたらくことができます。

# 給食の日本一をきそう
# 全国学校給食甲子園

一年に一度、学校給食のこんだての日本一を決める大会が行われます。

## どんな大会なの？

「全国学校給食甲子園」は、地産地消をすすめ、給食の役割や給食にかかわる人たちの仕事を広く知ってもらう目的で、2006年にはじまりました。

全国から選ばれた栄養士と調理師のペアが、地元の食材を使った給食のこんだてのアイデアや栄養バランスの工夫をきそいます。

## 大会の様子

2023年に行われた第18回大会は、全国から全部で1079組の応募がありました。こんだては、実際に学校給食として出したことがある1食で、栄養や分量、地元の食材が生かされているかなどが審査されて、合格した12組が決勝に進みました。

## 調理

栄養士と調理員の2名で、60分以内に6人分のこんだてをつくります。食材をあらって調理し、もりつけ、道具のかたづけまでを時間内に終わらせなければなりません。調理の手ぎわや道具の使いかた、チームワーク、衛生管理などもチェックされます。

栄養士と調理員が協力して手ぎわよく作業を進めます。

時間内に仕上げるため、もりつけと道具のかたづけを同時に進めます。

## 審査

1つ1つの給食を食べて、味や色どり、もりつけなどを確かめます。

審査員ができあがった給食を少しずつ食べて、味や見た目などを評価します。どの給食もレベルが高く、つくり手の気持ちがこもったもので、審査員たちは順位をつけるのに頭をなやませました。

審査員はいくつもの審査項目をチェックして、評価をシートに記入していきます。

表彰式では優勝ペアに賞状と旗、トロフィーがおくられました。

## 結果発表

いよいよ結果の発表です。優勝は、新潟県妙高市立新井中央小学校のペアが勝ちとりました。そのほかの11組にも、それぞれ準優勝や特別賞などがおくられました。

### こんだて
アスパラ菜めし　牛乳
めぎすの米粉あげ〜かんずりジュレソース〜
アスパラ菜のごまこうじあえ
妙高ごっつぉ汁

優勝したのはこのこんだて！

主食は、地元特産の「アスパラ菜」を丸ごと使いきれるようにごはんにたきこんだ「アスパラ菜めし」。地元で水あげされる魚「めぎす」を食べやすく油であげ、伝統調味料「かんずり」を使ったソースをかけました。「妙高ごっつぉ汁」は、地元の保存食を使ったみそ汁です。「ごっつぉ」は地元の言葉で「ごちそう」という意味です。

写真はすべて全国学校給食甲子園提供

# 給食の食材はどこから来るの？

学校給食では、新鮮なものを安心して食べられるように、なるべく近くでつくられた食材を使うとりくみが進められています。

##  進む地産地消のとりくみ

スーパーなどで売られている食材のなかには、外国産や、国内産でもはなれた地域でつくられているものが多くあります。それに対して、地域でとれた食材をその地域で食べることを「地産地消」といいます。地産地消には、新鮮なものが食べられるということ以外にも、右のようにたくさんのよさがあります。

学校給食でも地産地消が進められていて、国内産や地場産の食材が使われる割合がふえています。

**学校給食における地場産物・国産食材の使用割合**（全国平均）

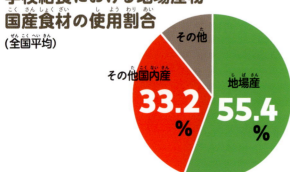

その他国内産 33.2%
地場産 55.4%
その他

### 地産地消のよいところ

**新鮮**
収穫したてのものをおいしく食べられる。いたんだりしてむだになる食材がへる。

**安心**
どこでだれがどうやってつくったものかわかるため、安心して食べられる。

**環境によい**
運ぶのにかかる時間やエネルギーを節約できる。運ぶときに出る環境に悪いガスも少なくなる。

**地域の活性化**
地元の農業や漁業、酪農がさかんになり、地域全体の活動が活発になる。

**食育**
地元の食文化を身近に学び、食にかかわる人への感謝の気持ちが生まれる。

出典：文部科学省「学校給食における地場産物・国産食材の使用状況調査」（令和5年度）※金額ベース

## 農家と給食をつなぐとりくみ

給食で地産地消の食材を使うにあたり、いくつかの課題があります。

例えば野菜は天候などによって育ち具合が変わるため、給食で使いたい日にじゅうぶんな量を確保できるかわかりません。生産者にとっても、夏休みなど給食がない期間は野菜があまってしまうこともあります。

このような問題を解決するために、「地産地消コーディネーター」という仕事があります。地産地消コーディネーターは、いつどこでどんな野菜が収穫されるか、給食でいつどのくらいの食材を必要としているか情報を集めて調整します。

## 旬の地元野菜を給食に！ 〜千葉県我孫子市のとりくみ

千葉県我孫子市では、学校ごとに毎月2回、地元の野菜を使った給食を出す「我孫子産野菜の日」があります。

我孫子市は農業がさかんで、1年中さまざまな種類の野菜がつくられています。我孫子産野菜を給食にとり入れることで、子どもたちに地元でとれた旬の野菜のおいしさを知ってほしいと始まったとりくみです。

我孫子産野菜の日は、農家と学校、それらをつなぐ学校給食コーディネーター、野菜を運ぶボランティアなど、さまざまな人たちの手でささえられています。

我孫子産の新鮮な野菜。

### 学校給食コーディネーター

学校の栄養士がほしい我孫子産野菜をさがしたり、生産者からの提案をうけて、栄養士におすすめの野菜を紹介したりします。

### 学校給食搬送ボランティア

市内の農家から集めた新鮮な野菜を、朝早くから地元の人たちがトラックにのせて各学校に運びます。

写真：我孫子市農政課

# 給食の食材はどのようにつくられている？

## 肉　とり肉、ぶた肉、牛肉があります。

肉用のにわとりやぶた、牛は畜産農家で育てられます。

とり肉は国産が7割をこえる国内生産量の多い肉です。とり肉になるのは、ほとんどがブロイラーという品種です。

ぶた肉は、輸入と国産がほぼ同じ量です。国内では、畜産のさかんな九州や北海道のほか、関東・甲信地方でも多く飼育されています。ハムやソーセージなどの加工品にも使われます。

牛肉は学校給食で使われることは少ないですが、生産地では地場産の食材として学校給食に利用されているところがあります。

食肉用のにわとり「ブロイラー」。

### ●とり肉がとどくまで

① たまごを機械であたためてふ化させる。

② ふ化したひよこを鶏舎で育てる。

③ 小型の種類は約9日、大型の種類は約55〜59日で出荷される。

④ 処理場で検査を受け、合格したものが肉に処理されて卸売業者を通じて給食センターにとどく。

## 水産物　魚、貝、エビ、イカ、わかめやのりなどの海そう、だしをとるためのかつおぶしやにぼしなどがあります。

水産物は、漁師が漁をしてとったり、海につくった生けすや陸上の水そうで大きくなるまで育てる「養しょく」や「栽培漁業」でつくられるものがあり、全国の産地からとどきます。近年は魚がとれる量がへっていて、たりない分は外国から輸入しています。

給食では水産物の地産地消も進められていて、漁でとれたけれど、大きさがふぞろい、調理がしにくいなどの理由で売り物にならない「未利用魚」が給食に使われる例もあります。

港に水あげされるサバ。

### ●魚がとどくまで

① 漁師がとった魚が港に水あげされる。

② 港の近くの魚市場に運ばれて「せり」にかけられる。

③ 全国の産地から都市の中央卸売市場に集められ「せり」にかけられる。

④ 水産物加工会社で加工され、給食センターにとどく。

※この他にも、市場を通さずに取引するなど、さまざまなルートがあります。

## 米

米は主食として食べられるほか、みりんや酢などの調味料の原料として使われます。

米は北海道から沖縄県まで日本全国でつくられています。給食の地産地消が進められるなかで、現在は全国のほとんどの地域で給食に地元の米が使われるようになっています。

さらに、農薬や化学肥料を一切使わない、安全で環境にもよい「有機農法」でつくられた米を学校給食に使うとりくみも広がっています。

千葉県いすみ市で農薬や化学肥料を一切使わずに栽培される「いすみっこ」。いすみ市のすべての小・中学校の給食で使われている。

写真：いすみ市

### ●米ができるまで

① 春、ビニールハウスでもみから苗を育てる。

② 初夏、育った苗を水田に植える。

③ 秋、穂が実ったらかりとる。

④ かりとった稲からもみだけをとり、乾燥させる。

## 小麦

小麦を粉にした小麦粉が、パンやうどん、スパゲッティなどの主食や、天ぷらの衣、カレールーなどに使われます。

国内で使われる小麦の8割以上がアメリカ、カナダ、オーストラリアから輸入されています。輸入小麦は、日本政府が生産国から買いつけて、それを国内の製粉会社に売るしくみになっています。輸入する小麦には、家畜のえさに使われるものもあります。

その一方で、最近は国産小麦でつくったパンやめんの人気が高まり、国内での小麦の生産量もふえています。小麦は日本でも昔からつくられていて、イネをかった後の田んぼで栽培されます。国内産の小麦は、北海道産が約7割をしめますが、そのほかの地域でもその土地の気候に合った品種が栽培されています。

学校給食でも、パンに使われる小麦をすべて国産に切りかえているところがふえています。

カナダの大平原に広がる小麦畑。

小麦の栽培がさかんな滋賀県では、学校給食に県産小麦100％のパンが使われている。

写真：丸栄製パン株式会社

# 牛乳

乳牛からしぼったままの牛の乳を「生乳」といいます。生乳から、牛乳やヨーグルト、バターなどの乳製品がつくられます。

生乳をとるための牛を「乳牛」といいます。乳牛を育てて牛乳をとるのは酪農家です。生乳の生産量は北海道がダントツで多いですが、生乳からつくる牛乳は日持ちがしないため、消費量の多い都市の近くで生産されるものが多く、生産地は全国にちらばっています。

酪農家でとれた生乳はタンクローリーで集められて工場に運ばれ、品質に問題がないか検査してから、飲みやすいように加工されます。さらに殺菌して容器につめて出荷されます。

日本で育てられている乳牛のほとんどが白黒もようの「ホルスタイン」という種類。

## ●乳牛の一生

乳牛は子牛を産んではじめて乳が出ます。乳は子牛が育つためのものだからです。めす牛が生まれてから、出産して乳が出せるようになるまでおよそ2年半かかります。それから妊娠と出産を3回ほどくりかえして乳を出します。

**約24〜26か月**

めす牛たん生 → ほ育 約2か月 → 育成 約12〜14か月 → 人工授精 → 妊娠 約10か月

めす牛が妊娠しやすい時期に合わせて、人の手で受精させる。

**3回ほどくりかえす**

5〜6年で役目を終え、肉用として出荷される。

人工授精 → 約60日 → 出産 → 妊娠約300日 → 乳しぼり 約280〜300日 → 乾乳 60〜90日 → （人工授精へ）

朝夕2回乳をしぼる。

次の妊娠にそなえて乳しぼりをやめて休ませる。

## コラム むずかしい安定供給

そもそも乳牛は生き物で、乳を出せるようになるまで時間がかかることもあり、生乳の生産量を急にふやしたりへらしたりすることができません。また乳牛は寒さには強いものの暑さが苦手なので、季節によっても生乳の生産量が変わります。

給食がない学校の長期の休みなど、生乳があまる時期は、バターなどの加工品を多くつくるなど、なるべくむだが出ないように調整されています。

## Qクイズ 1頭の乳牛が1日に出す生乳は、給食の牛乳何本分？

1. 10本分
2. 100本分
3. 1000本分

答えは32ページ

# たまご

「たまご」とよんでよく食べているのはにわとりのたまごです。

鶏舎でたまごを産むにわとり。

たまごをとるためのにわとりは養鶏農家が育てています。生産地は全国にありますが、なかには100万羽以上も飼育する大規模な養鶏場もふえています。

にわとりは1日に1個たまごを産み、平均すると1年間に300個ぐらいのたまごを産みます。

たまごは、にわとりの羽の色によって、からが白いものや茶色いものがありますが、栄養価や味にちがいはありません。また、黄身の色はエサによって変わります。

## ●たまごがとどくまで

① たまごからふ化したひよこのうち、めすだけを育てる。

② 生後約130日で鶏舎にうつされ、たまごを産み始める。

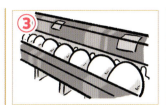
③ たまごを工場に運び、あらって消毒をする。ひびや異常のあるものを検査でより分ける。

④ サイズごとに分けてパックにつめられ出荷される。

# くだもの

みかんやりんご、すいか、ぶどうなど季節ごとに旬のくだものがあります。

## ●くだものの旬カレンダー

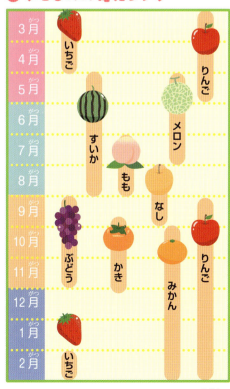

くだものは種類によって産地やとれる時期が決まっています。野菜の場合は、さまざまな地域で時期をずらして栽培されており、ほとんどの野菜は一年中手に入れることができます。くだものにはそうしたものはほとんどありません。

くだものは、日本で古くから育てられているもののほかに、海外から持ちこまれて日本で栽培され、新しい品種が生まれたものもあります。たとえばキウイフルーツはニュージーランドがおもな生産地ですが、日本でも栽培されるようになったため、学校給食で国内産のものが使えるようになっています。

静岡県のうんしゅうみかんの畑。

# 野菜

野菜は、植物の根を食べるもの、葉やくき、実、花を食べるものなどがあります。

野菜は全国の生産地で農家が栽培しています。

野菜の栽培は、屋外の自然な環境で育てる「露地栽培」と、ビニールハウスなどで育てる「施設栽培」があります。

露地栽培は野菜本来の成長時期に合わせて栽培するため、収穫の時期がかぎられます。露地栽培でつくられる野菜には、たまねぎ、だいこん、じゃがいもなどの根菜や、キャベツやレタス、はくさいなどの葉物野菜があります。

施設栽培は、温度や湿度を調節したハウスで育てることで、野菜の本来の季節以外にも収穫することができます。トマトやきゅうり、ピーマン、なすなどがあります。

露地栽培でほうれんそうを育てる畑。

## 野菜が一年中食べられるひみつ

野菜にはそれぞれ旬の季節がありますが、一年中出回っている野菜もたくさんあります。どうして同じ野菜が一年中手に入るのでしょうか？　そこにはさまざまなくふうがあります。

ビニールハウスで栽培されるトマト。

涼しい高原で栽培されるレタス。

### 施設栽培

夏にとれる野菜を春に収穫できるようにするなど、野菜の通常の収穫時期よりも早く収穫するために、温度や湿度を調節できるビニールハウスで育てます。

### 産地をリレーする

同じ野菜を、季節ごとに産地を変えて栽培します。例えば東京に出荷されるレタスは、冬はあたたかい静岡県や長崎県、春と秋は茨城県、夏は長野県でとれたものが多くなります。

倉庫で貯蔵されるさつまいも。

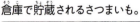

### 冷蔵倉庫で長期保存

じゃがいもやさつまいもなどの根菜類は、冷蔵設備のある倉庫で貯蔵し、必要な分だけ出荷します。例えば北海道で9〜10月ごろに収穫されたじゃがいもは、倉庫で貯蔵して4月ごろまで出荷されます。

写真：セイカン株式会社

30ページのクイズの答え　**2** 100本分

# 食品ロスってなんだろう？

まだ食べられるのにすてられてしまう食べ物を「食品ロス」といいます。世界全体で1年間に13億トンもの食品ロスが生まれているといいます。

## 日本人の食品ロスは毎日おにぎり1個分

　日本でも、本来食べられるのにすてられている食品がたくさんあります。その量は1年間に472万トン。これを国民一人あたりで計算すると、1年間に約38キログラム、1日に約103グラムになります。これは、日本の国民が毎日おにぎり1個分の食べ物をすてつづけている計算になります。

**日本人一人あたりの食品ロスの量**

年間約 **38kg**

これを365日で割ると…

1日約 **103g** ・・・・・ おにぎり1個分のごはんの量に近い。

出典：農林水産省、環境省（令和4年度）

## 食品ロスはなぜ生まれる？

食品がつくられてから、わたしたちのもとで消費される間のさまざまな場面で、食品ロスが生まれています。その内訳は、半分が食品メーカーや、スーパーなどの小売店、レストランなど飲食店から出たもの。のこりの半分は家庭から出たものです。せっかくつくった食べ物がむだにならないように、食品をつくる人、売る人、それに食べるわたしたちみんなで食品ロスをへらしていくことが必要です。

### 食品ロスが出る理由

**食品メーカー、小売店、飲食店**
- 製造や加工で出たあまり
- 小売店での売れのこり
- 販売期限がすぎたもの
- ラベルの印刷ミスや包装のきずで売れなくなったもの
- 飲食店でのつくりすぎや食べのこし

**家庭**
- 野菜の皮などをとりのぞきすぎたもの
- 食べのこし
- 買ったまま賞味期限や消費期限がすぎたもの

## 食品ロスはなぜ問題なの？

食品ロスは、食べ物がむだになる「もったいない」という問題だけではありません。環境に悪い影響をあたえたり、食べ物がたりなくなる問題をひきおこします。環境を守り、世界中の人がうえることのない社会にするために、食品ロスをなくすことが必要です。

### 環境への影響

食品をつくったり運んだりするとき、水や電気、石油などたくさんの資源が使われます。食品ロスは、こういった資源もむだにします。また、すてられた食品はごみとしてもやされますが、このときに出る二酸化炭素（$CO_2$）が地球温暖化の原因になります。地球温暖化が進むと、干ばつや洪水などの災害がふえて食料がつくれなくなります。

雨不足で農作物がとれなくなる。

### 食料不足

世界では、みんなが十分に食べられるだけの食料がつくられているにもかかわらず、10人に一人がうえに苦しんでいます。干ばつや洪水などの自然災害、戦争、まずしさなどによって、食料が必要なところにとどけられないのです。世界の人口はどんどんふえつづけていて、このままでは食料も、それをつくるための資源も足りなくなってしまいます。

ソマリアの難民キャンプでは、干ばつや紛争によって家を追われ、食料を必要とする人たちがおおぜいいる。

35

## 学校給食の食品ロスはどのくらい？

学校給食では、1年間に一人あたり約17.2キログラムの食品ゴミが出ています。そのうち、野菜のへたや皮など調理の途中で出るものが5.6キログラム、食べのこしが7.1キログラムです。

食べのこしが出る理由として多いのは、「にがてな食べ物があるから」「給食の時間が短いから」「量が多いから」の3つです。

### 児童一人あたりの食品ロスの量

年間約 **17.2kg**

- 4.5kg ･･･その他
- 7.1kg ･･･食べのこし
- 5.6kg ･･･野菜の皮など

出典：環境省（平成25年度）

### 食べのこしはなぜ生まれる？

にがてな食べ物があるから

給食の時間が短いから

量が多いから

### コラム

### 食品ロスとSDGs

**12** つくる責任 つかう責任

世界にはいまも戦争やまずしさ、災害などで苦しんでいる人たちがいます。それはひとごとではなく、わたしたちみんなが考えなければならない問題です。このままでは人類はこの世界でくらしつづけることができなくなるという心配から、世界中の人たちが話し合い、世界の問題を解決するための17の目標をたてました。それが「持続可能な開発目標（SDGs）」です。「持続可能」というのは、「これからもずっと続けていくことができる」という意味で、わたしたちが将来の世代のために環境や資源をまもって、だれもとりのこさずに幸せにくらせる世界をつくることをめざしています。

SGDsの17の目標のひとつ「12：つくる責任　つかう責任」のなかには、具体的な目標として「2030年までに、お店や消費者のところですてられる食料（一人あたりの量）を半分にへらす。食品をつくり、運ぶときのロスもへらす。」があります。この目標をかなえるために、毎日の食事を通じて何ができるか考えてみましょう。

36

## 🍴 食品ロスをへらすとりくみ

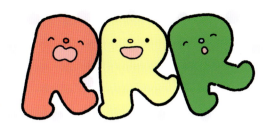

食品ロスをへらすために、ゴミをへらして資源をまもる「3R（スリーアール）」というとりくみがあります。3Rとは、「リデュース（ゴミをへらす）」「リユース（すてられるものを活用する）」「リサイクル（資源として再利用する）」の英語の頭文字の3つのRをとったものです。

学校給食で行われている3Rのとりくみを見ていきましょう。

###  Reduce　ゴミをへらす

写真：小金井市立南小学校

皮つきの野菜を使ったカレーと、かぶの葉の汁。

調理するときに出る野菜の皮やしんなどのゴミをへらすため、野菜を皮ごと使ったり、だいこんの葉や、だしをとったあとのかつおぶしなど、すてられるものを料理に活用します。

少しでも食べのこしがへるように、学校栄養士は子どもが苦手な食材は油であげたり、味つけを変えたりして工夫しています。

###  Reuse　すてられるものを活用する

大きくなりすぎたトマトときずがついたにんじん。

野菜を出荷するときに、決められた大きさや形にあてはまらない野菜は「規格外野菜」とよばれています。規格外野菜は、あらったり切ったりするのに手間がかかりますが、味はふつうのものと変わりません。規格外野菜を給食に使うことで、すてられる野菜を活用することができます。

###  Recycle　資源として再利用する

どうしても出てしまう野菜くずや食べのこしは、家畜のえさや畑で使うたいひにして再利用されます。作られたえさでまた、ぶたやにわとりが育てられ、畑ではたいひを使って野菜が育てられます。そしてつくられた肉や野菜がまた給食の食材として使われます。

こうして学校給食で出る生ごみの約59パーセントがリサイクルされています。

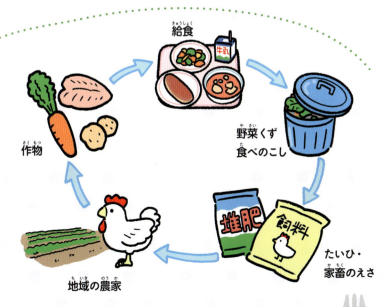

# マナーを守って楽しく安全に食べよう

友だちといっしょに食べる給食の時間を安全で楽しい時間にするために知っておきたいマナーを紹介します。

## 🍴 給食の準備

給食当番は、身じたくをととのえましょう。服についたほこりやごみが給食に入らないように、せいけつな給食着を着ます。給食着はゆかに置いたりしないようにします。またかみの毛が給食に入るのをふせぐために、ぼうしはかみがなるべく出ないようにかぶり、つばがとばないようにマスクをします。

またその日の健康にも気をつけましょう。かぜをひいていたり、おなかをこわしていたりすると、病気の原因になる細きんが給食に入って、ほかの人にうつしてしまう原因になります。

準備を始める前には、せっけんでしっかりと手をあらいます。

- かみをぼうしの中におさめる。
- マスクで鼻と口をしっかりおおう。
- 給食着はせいけつにしておく。
- つめは短く切っておく。

## ●正しい手のあらい方

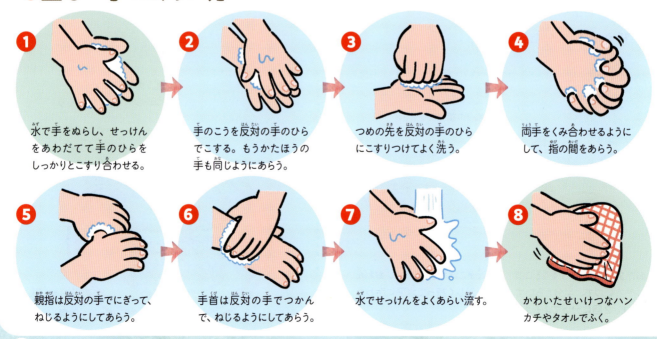

1. 水で手をぬらし、せっけんをあわだてて手のひらをしっかりとこすり合わせる。
2. 手のこうを反対の手のひらでこする。もうかたほうの手も同じようにあらう。
3. つめの先を反対の手のひらにこすりつけてよく洗う。
4. 両手をくみ合わせるようにして、指の間をあらう。
5. 親指は反対の手でにぎって、ねじるようにしてあらう。
6. 手首は反対の手でつかんで、ねじるようにしてあらう。
7. 水でせっけんをよくあらい流す。
8. かわいたせいけつなハンカチやタオルでふく。

38

##  配ぜんのきまり

食器を置く位置にはきまりがあります。おはしを右手で持ったときに食べやすいようになっています。おはしを左手で持つ人は、食べるときに置きなおしてもいいでしょう。

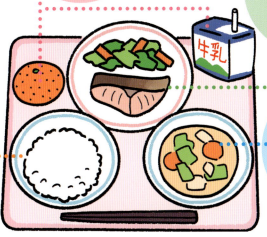

**・飲み物とデザート**
飲み物ははしを置いて利き手で持つため、右おくに、デザートはその反対側に置く。

**・おかず**
基本的におかずの皿は手で持ち上げずにはしをのばして食べるため、おくに置く。

**・おわんは右手前**
2番目にとる回数が多く、こぼしやすいので右手前に置く。

**・ごはんは左手前**
いちばん持ち上げる回数が多いため、すぐとれるように左手前に置く。

##  もりつけのコツ

きれいにもりつけられた食事はよりおいしく感じられます。こぼしたり、食器のふちについたりしないように、見た目をきれいにもりつけましょう。

また最後に足りなくなったりあまったりしないように、一人分の量を考えてとり分けましょう。

**ごはん**

食缶のごはんをしゃもじでほぐす。

食器のふちにごはんがつかないように注意。

しゃもじでごはんをすくって、こんもりともる。2回ぐらいに分けてもるとよい。

**汁もの**

おたまいっぱいにすくうとこぼしやすいので、半分くらいすくって、2回に分けてよそうとよい。

上のふちに親指をあて、残りの指で底をささえて持つ。

汁がこぼれないように、おわんを正しく持って水平に手わたす。

**おかず**

サラダなどはトングでつかんで、こんもりともる。

魚のうら表にも注意。

# 安全に気持ちよく食べよう

給食はただ食べるだけでなく、正しい食べ方やマナーを身につけるためのものでもあります。食べ物をよくかんで、じゅうぶん味わうことで、栄養がしっかりとれ、おいしさを感じることができます。悪いしせいで食べたり、食事中にふざけたりすると、食べ物がのどにつまるきけんがあります。食べ物に感謝する気持ちや、まわりの人への気づかいも持てるようにしていきましょう。

### ・正しい姿勢で食べよう

せすじをのばして、つくえにまっすぐにすわる。いすのせもたれによりかかったり、つくえにひじをつくのはダメ。

### ・早食いはやめよう

急いで食べようとして、口いっぱいにほおばったり、かきこんだりすると、のどにつまることがあるので、水分をとりながらゆっくり食べる。

### ・食べやすい大きさにしてから食べよう

大きなおかずをはしで持ち上げて落としたり、一度にたくさん口に入れてこぼしたりしないように、ひと口の大きさにしてから食べる。

### ・食べ物を口に入れたまましゃべらない

食べ物が飛びちって、まわりの人にめいわくをかけてしまうので、のみこんでからしゃべる。

### ・よくかんで食べよう

よくかまずにのみこむと、のどにつまるきけんがある。よくかむことで、消化がよくなりしっかりと栄養がとれる。

### ・時間内に食べ終わるようにしよう

おしゃべりにむちゅうになりすぎたり、ダラダラ食べたりせずに、食べることに集中しよう。

# 食べるときに注意が必要な食べ物

ミニトマトなどの球形のものや、さつまいもなどぱさぱさしたものは、かまずにのみこむとのどにつまることがあるので、よくかんで食べましょう。歯の生えかわりなどでよくかめない人は、はしやスプーンで小さくしてから食べるとよいでしょう。

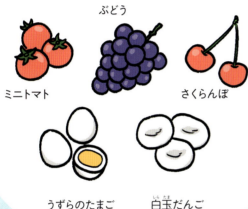

**球形のもの・つるつるしたもの**
ミニトマト　ぶどう　さくらんぼ　うずらのたまご　白玉だんご

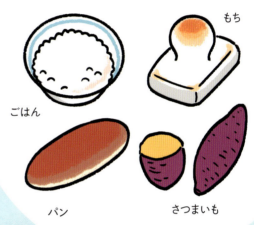

**ねばりのあるもの・つばをすうもの**
ごはん　もち　パン　さつまいも

## コラム　給食はのこしちゃいけないの？

人によって食べられる量はちがいます。たくさん食べられない人は、とり分けてもらうときに、少なめにしてもらうとよいでしょう。

また、どうしても食べられないものがあっても、にがてだと決めつけずに、少しでもよいので口に入れてみましょう。みなさんは、いまさまざまな味に出会って舌を育てている最中です。好きなものだけを食べていると、食べ物を味わう力が弱くなってしまいます。将来食べることが楽しくなるように、さまざまな味を感じる経験をつみ重ねていきましょう。

給食をおいしく楽しく食べよう！

ごちそうさまー!!

41

# 子ども食堂ってなんだろう？

「子ども食堂」という言葉を聞いたことがありますか？
いったいどんな食堂なのでしょうか。

 ## 子ども食堂とは？

　「子ども食堂」は、子どもが一人でも行くことのできる、無料または安いねだんで食事を提供する食堂です。月1回開かれるところから、毎日やっているところまであり、場所も公民館や飲食店、個人の家など、大きさはさまざまです。

　「子ども」とつきますが、実際には子どもだけではなく、親子や地域のおとしよりなども参加できる、地域の交流の場としての役割もあります。「地域食堂」「コミュニティー食堂」などとよばれることもあります。

　子ども食堂の数は年々ふえていて、全国に9000か所以上あると言われています。

## 子ども食堂の役割

**① だれかといっしょに食事ができる**
家庭では家族と食事をするのがむずかしい子どもや、ひとりぐらしの人でも、人といっしょに食べる機会になる。

**② お金をかけずに食べられる**
無料または安いねだんで、栄養バランスのよい、手づくりのあたたかい食事が食べられる。

**③ 地域の人とのつながりができる**
家族だけでなく、食事をつくるボランティアや地域のおとしよりなど、さまざまな人たちと交流できる。

子ども食堂

# 東京都八王子市
# 子ども食堂「にこにこ」

「みんなで食べると、もっとおいしいよ！」をモットーに
東京都八王子市で開かれている、子ども食堂「にこにこ」でお話を聞きました。

## どんな活動をしているの？

子ども食堂「にこにこ」は、子どもたちの居場所づくりを目ざして2018年にスタートしました。

食堂は毎月1回、地域の市民センターで開かれていて、地域の子どもからおじいちゃん、おばあちゃんまで、だれでも利用することができます。活動をはじめたころは30人くらいだった利用者が、6年たったいまでは100人近くにふえています。

ボランティアのみなさんが朝9時に集まって食事をつくります。

## 「おいしい」の言葉がはげみに

食事をつくるのは、ボランティアのみなさん。1回に100食近くの食事をつくるのはとても大変です。でも、のこさずに食べてくれたり、「おいしかった」と言ってくれたりすることが、はげみになっているそうです。ひさしぶりにやってきた子どもに「大きくなったね！」とおどろくことも。地域の子どもたちの成長を見守ることができるのも、やりがいのひとつだと言います。

帰りぎわに「おいしかった？」などと気さくに声をかけてくれるボランティアは、子どもたちにとっても、なやみなどをさりげなく話せるたのもしい存在です。

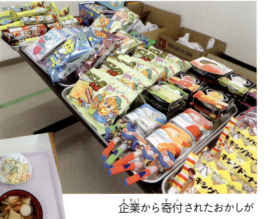

「にこにこ」のボランティアのみなさん。

企業から寄付されたおかしがおみやげにくばられることも。

43

# 学校給食の歴史

学校給食はいつから始まり、どんなふうに変わってきたのでしょうか。

昭和30年代の給食風景。

## 1889（明治22）年

### 学校給食の始まり

明治時代のなかごろの1889年、山形県鶴岡町（いまの鶴岡市）の私立忠愛小学校で、まずしい子どもたちにお昼ごはんが無料で配られました。これが日本の学校給食の始まりとされています。

最初のころの給食。おにぎり、塩ざけ、菜のつけもの。

忠愛小学校があった大督寺の境内には、「学校給食発祥の地」の記念碑がある。

## 1923（大正12）年

### 国のすすめで全国に広まる

大正時代から昭和のはじめにかけて、国はまずしい子どもたちをすくうために、学校給食を広める指令を出し、全国に給食が広まりました。しかし、第2次世界大戦中に食べ物が少なくなると、多くの学校で中止されました。

1923年ごろの給食。五色ごはん、栄養みそ汁。

写真はすべて独立行政法人日本スポーツ振興センター提供

## 1946（昭和21）年

### 終戦。学校給食が再開

戦争が終わったばかりの日本は食料が不足していたため、栄養失調の子どもたちがたくさんいました。その様子を見たアメリカのボランティア団体やユニセフからたくさんの食料が送られてきて、ふたたび学校給食が始まりました。

1947年ごろの給食。ミルク（脱脂粉乳）、トマトシチュー。

給食の食材をつんで港についたアメリカの船。

この時代のミルクはいまの牛乳ではなく、「脱脂粉乳」といって、牛乳から脂肪分をとったのこりを乾燥させて粉にし、水やお湯でといたものでした。栄養が豊富でしたが、子どもたちには人気がなかったようです。

## 1950（昭和25）年

### 完全給食の開始

主食とおかず、ミルクがそろった「完全給食」が全国に広まっていきました。1954年には、学校給食を教育のひとつとして位置づける「学校給食法」が定められ、1日に必要な栄養の3分の1がとれるようにバランスのとれたこんだてがつくられるようになりました。

1952年ごろの給食。コッペパン、ミルク（脱脂粉乳）、くじら肉のたつたあげ、千切りキャベツ、ジャム。

### コラム　給食の記念日

戦争が終わり、外国からの援助を受けて、中断されていた学校給食が再開しました。1946年12月24日に新しい学校給食が始まったことから、この日を「学校給食感謝の日」としましたが、冬休みと重なってしまうため、1951年からは1か月後の1月24日から1月30日までが「学校給食週間」となりました。この期間には、給食の意味や役割をたくさんの人に知ってもらうため、さまざまな行事が行われます。

# 1958 (昭和33)年

## 脱脂粉乳から国産牛乳へ

1958年ごろから国内で牛乳が安定してつくられるようになり、一部の学校で脱脂粉乳にかわって国産の牛乳が出されるようになりました。1964年ごろには全国の学校給食で国産の牛乳に切りかえられ、それがいまでも続いています。

1963年ごろの給食。コッペパン、牛乳、魚のすり身フライ、マカロニサラダ、マーガリン。

写真：独立行政法人日本スポーツ振興センター

## コラム　おじいちゃん・おばあちゃんの思い出給食メニュー

戦後の食料不足の時代に、くじらの肉は安くて栄養があったため、学校給食によく登場しました。主食は外国から送られてきた小麦粉を使ったコッペパンでした。

**コッペパン**
主食のコッペパン。ジャムをぬったり、おかずをはさんだりして食べた。

**くじらのたつたあげ**
しょうがとしょう油で味つけしたくじらの肉にかたくり粉をまぶして油であげた料理。

写真：山口県ぶちうまやまぐち推進課

## 給食の牛乳のうつりかわり

写真：日本製紙株式会社

給食にかならずついている牛乳。その形は時代とともにうつりかわってきました。国産牛乳になったばかりのころはびん入りでしたが、重くて運びにくい、あらう手間がかかるという理由で紙パックへと変わりました。紙パックも、「三角パック」から四角いパックや屋根形のパックへと変わってきました。

**ストローがいらない紙パック**
最近では、ストローがない牛乳パックも登場しています。ストローを使わないことで、一人あたり年間に約100グラムのプラスチックをへらすことができます。

びん → 三角パック → 四角パック → 屋根型パック

写真：よつ葉乳業

一人が1年でへらせるプラスチックごみ

ストロー約200本 = 100g

46

# 1976（昭和51）年

## 米飯給食が始まる

1976年、それまでパンだった主食に、ごはんがとり入れられるようになりました。ごはんは和食だけでなく洋食や中華などどんなおかずとも相性がよく、おかずのバリエーションもふえていきました。

1977年ごろの給食。カレーライス、牛乳、野菜の塩もみ、くだもの（バナナ）、スープ。

写真：独立行政法人日本スポーツ振興センター

## コラム

### お父さん・お母さんの思い出給食メニュー

洋食のおかずがふえ、主食もパンやカレーライス、スパゲッティなど現代的なメニューが取り入れられるようになりました。

**あげパン**
コッペパンを油であげて、さとうやきなこなどをまぶして味つけしたパン。

**ソフトめん**
一人分ずつふくろに入ったやわらかいスパゲティ。ミートソースや中華あんかけなどをからめて食べた。

## 給食の食器のうつりかわり

時代とともに、給食で使われる食器も変化してきました。戦前の給食では家庭で使われるのと同じ陶磁器食器でしたが、戦後になるとアルミニウムをさびにくく加工したアルマイト製の食器が登場しました。その後、軽くて使いやすいポリプロピレンやメラミンなどのプラスチック製の食器が使われるようになっていきました。

### キミの名は！?

**先割れスプーン**

スプーンの先が3つに割れていて、フォークとしても使えます。1本でスープをすくったり、おかずをさしたり、めんをまぜたり、さまざまな使い方ができました。1940年代からさかんに使われてきましたが、食べる姿勢が悪くなるなどの理由でだんだんすがたを消していきました。

**1950～60年代 アルマイト製の食器**
アルミニウムをさびにくく加工したもの。熱いものを入れると熱くて持てなくなった。

**1970年代～ ポリプロピレン製の食器**
軽くてこわれにくく、保温性もある。

**現在 強化磁器の食器**
ふつうの陶磁器よりもこわれにくい。

# 平成〜令和時代

1989〜

## バリエーション豊かなメニュー

　現代の給食はメニューが豊富になり、世界各国の料理や、地域の伝統的な料理、行事に合わせた料理などが食べられます。また、いくつかのこんだてから自分の好きなものを選べる「セレクト給食」や、自分で栄養バランスを考えながらもりつける「バイキング給食」なども行われています。

写真：独立行政法人日本スポーツ振興センター

バイキング給食

ひなまつりの行事食

写真：独立行政法人日本スポーツ振興センター

韓国料理の給食

写真：戸沢村立戸沢学園

## 「防災給食」ってなんだろう？

　地震や水害などがおこると、電気やガス、水道が止まり、食事がつくれなくなることがあります。そのような災害にそなえて、学校では日ごろから飲み水や非常食などが用意されています。
　非常食には、長期間保存することができる乾パンや、あたためずにそのまま食べられるレトルト食品などがあります。いざというときでも、安心して非常食を食べられるように、非常食をふだんの給食で食べるのが「防災給食」です。

ごはんも入っていて、あたためずにそのまま食べられるレトルトカレー。

写真：佐用町学校給食センター

48

# 小・中学生に聞いた！
## 好きな給食メニューランキング

みんなが好きな給食のメニューはなにかな？
小・中学生に聞いたアンケートの結果の1位から5位を発表するよ！
キミの好きなメニューは入っているかな？

1位 カレーライス
2位 フルーツポンチ
3位 あげパン
4位 からあげ
5位 冷凍みかん

出典：「ニフティキッズ『給食』に関する調査レポート」2022年（ニフティ株式会社）

# ご当地給食はい見！

学校給食には、郷土料理や地元の特産品を使った料理がとり入れられています。その土地ならではのメニューをさがしてみましょう。

## 郷土料理の給食

その土地に伝わる郷土料理をとり入れた給食です。

写真：山形県学校給食センター

**岩手県　かにばっと**

一関市の名物で、川でとれるモクズガニを丸ごとつぶしてだしをとり、季節の野菜やはっと（すいとん）をにこんだ、しょうゆ味の汁ものです。

**山形県　いも煮**

さといもとこんにゃく、ねぎ、きのこ、肉などを入れたなべ料理。地元では、秋になると河川敷でいも煮をつくって食べる「いも煮会」が行われます。

**埼玉県　ゼリーフライ**

おからとじゃがいも、ねぎをまぜて油であげたもの。小判の形をしていることから「ぜにフライ」とよばれ、それが変化して「ゼリーフライ」になったといわれています。

写真：農林水産省 aff 2020 年 12 月号

**山梨県　ほうとう**

かぼちゃ、いも、きのこ、野菜、肉などの具を入れたみそ味の汁と、小麦粉でつくった平たいめんをいっしょににこんだ料理です。

写真：農林水産省 aff 2020 年 12 月号

表記のない写真はすべて全国学校給食甲子園提供

**石川県　じぶ煮**

金沢市に伝わる郷土料理で、とり肉やかもの肉と、地元の野菜をいっしょににこんだものです。とろみのある汁と、あまからい味が特徴です。

**岐阜県　五平もち**

つぶしたごはんをくしにまきつけ、たれをぬって焼いた料理。岐阜県や長野県、愛知県などに伝わる郷土料理です。

**佐賀県　シシリアンライス**

写真：上峰小学校

あたたかいごはんの上に、いためた肉と生野菜をのせ、マヨネーズをかけた料理。50年くらい前に、佐賀市にある喫茶店で生まれたといわれています。

**和歌山県　めはりずし**

塩づけにした高菜の葉でつつんだおにぎりです。名前は、「目をみはるほど大きな口をあけてかぶりつく」、または「目をみはるほどおいしい」ことなどからついたといわれています。

**鹿児島県　鶏飯**

ほぐしたとり肉、しいたけ、錦糸たまごなどをごはんの上にのせ、とりのスープをかけて食べる、奄美地方の郷土料理。おいわいやおもてなしの料理としてつくられます。

写真：与那国町

**沖縄県　イナムドゥチ**

ぶた肉やしいたけ、こんにゃく、厚あげなどの具が入ったみそ汁。「イナムルチ」ともよばれます。昔はいのししの肉が使われていました。

# ご当地グルメの給食

地元ならではの食材を使ったご当地グルメが給食でも食べられています。

## 青森県 りんご、ほたて

りんごごはん / ほたてスープ

青森生まれの米「つがるロマン」をりんごジュースでたいた「りんごごはん」に、ベビーほたてと県オリジナルの白いなめこ「初雪たけ」の入ったスープのこんだてです。

## 秋田県 ハタハタ、せり

ハタハタのからあげ / せり蒸し

ハタハタは秋田県の県魚です。「せり蒸し」は、せりを油あげなどと蒸しににした秋田県の郷土料理です。

## 宮城県 さめ

さめのピリから焼き

さめの水あげ日本一の気仙沼市の小学校では、給食にさめのひれをほぐした高級食材「ふかひれ」や、さめの肉を油であげた「シャークナゲット」などが登場します。
写真：気仙沼中央給食センター

## 茨城県 あんこう

あんこうのくしあげ

あんこうは茨城県を代表する食材のひとつで、冬にしゅんをむかえる魚です。あんこうの身やきもを野菜とにた「どぶ汁」や「あんこうなべ」などの郷土料理もあります。

## 千葉県 落花生

みそピーナツ

千葉県は落花生の栽培がさかんで、全国の収穫量の8割をしめています。落花生を油でいためてみそやさとうなどで味つけした「みそピーナツ」はごはんによく合う千葉県の郷土料理です。
写真：松戸市立中部小学校

## 富山県 ベニズワイガニ

ベニズワイガニ

射水市の小学校では1年に一度、6年生の給食に地元特産のベニズワイガニが出る「カニ給食」があります。カニの食べ方を教わりながら、丸ごと1ぴきのカニを味わいます。
写真：射水市教育委員会

表記のない写真はすべて全国学校給食甲子園提供

### 静岡県 桜えび

↖ 桜えびの ちらしずし

桜えびは、美しい桜色をした小さなえびで、国内では静岡県が面する駿河湾だけで漁が行われています。かきあげや、たきこみごはんは静岡県ならではのご当地グルメです。

### 滋賀県 赤こんにゃく

赤こんにゃく寿司 →

赤こんにゃくは、近江八幡市の名物で、地元では五目ちらし寿司の具などに使われます。かつおぶしといっしょににた「赤こんにゃく煮」も給食の定番メニューです。

### 山口県 くじら肉

↖ くじらの たつたあげ

昔からくじら漁がさかんだった下関市と長門市の小・中学校では、毎年「学校給食・くじら交流の日」にくじらを使った給食が出ます。

写真：下関市教育委員会

### 愛媛県 みかん

みかんごはん →

愛媛県の瀬戸内海に面する地域や瀬戸内の島じまは、温州みかんやいよかんなどかんきつ類の名産地です。「みかんごはん」はみかんの果汁を使ってたいた、あまずっぱいごはんです。

---

## コラム 1月22日はカレーの日！

1月22日は「カレーの日」。その由来は、1982年に全国学校栄養士協議会のよびかけで、1月22日に全国の学校で、子どもたちが好きなカレーを出したことにちなんでいます。

カレーが学校給食にはじめて登場したのは1948（昭和23）年のことです。このころはライスではなくコッペパンといっしょに食べていました。子どもたちが給食でカレーを食べたことで、家庭にもカレーが広まり、国民的なメニューへと進化しました。

# 給食に世界のグルメ

世界の国の文化を知るために、世界各国の料理をとり入れたこんだてもふえています。

写真：大阪府立思斉支援学校

## フィンランド料理

リハマカローニ・ラーティッコ
ロソッリ
白菜のクリームスープ
キーッセリ風ベリーゼリー
はいがパン

「リハマカローニ・ラーティッコ」はマカロニとひき肉のオーブン焼き。「ロソッリ」はビーツと野菜のサラダ、「キーッセリ」はベリーのスープです。

## タイ料理

ガパオライス
春雨の酢の物
チンゲン菜のスープ

「ガパオライス」はいためたひき肉とピーマン、バジルをナンプラーなどで味つけしたタイの定番料理です。

## 韓国料理

ヤムニョムチキン
チャプチェ
コンナムルクッ
ごはん

「ヤムニョムチキン」はコチュジャンなどであまからく味つけしたフライドチキン。「チャプチェ」は春雨のいためもの、「コンナムルクッ」は豆もやしのスープです。

写真：米子市

## ハワイ料理

マヒマヒのフライ
チキンロングライススープ
ハワイアンサラダ

「マヒマヒ」はハワイ名物のシイラという魚です。「ロングライススープ」はハワイ風の春雨スープです。

写真：白浜町教育委員会

# 給食のオリジナルメニュー

給食から生まれたオリジナルメニューがあります。

## インド煮

写真：鹿沼市教育委員会

インド煮は、じゃがいもやさつまあげ、こんにゃく、うずらのたまごなどが入ったカレー風味のにものです。50年ほど前に、栃木県鹿沼市の栄養士が、パンに合う煮物をつくりたいと考えた料理です。

## サイダーかん

写真：富士市

静岡県富士市の学校給食で夏に出される大人気のデザートです。メロン風味のシロップで味をつけたサイダーのかんてんで、食べるとシュワシュワした食感が味わえます。

## 練馬スパゲティ

写真：練馬区

練馬スパゲティは、東京都練馬区のオリジナル給食メニューです。練馬区名産の大根を使った大根おろしとツナかんをにこんだソースをスパゲッティにたっぷりとのせた和風スパゲティです。

## 津ぎょうざ

写真：一般社団法人津市観光協会

津ぎょうざは、三重県津市の学校給食から生まれたメニューです。直径15センチもある大きな皮につつまれたあげぎょうざで、いまでは津市のご当地グルメとして知られています。

## たこぺったん

写真：大田区

たこぺったんは、30年ほど前に東京都大田区の中学校の給食から生まれた料理です。たこ焼きをかきあげ風にアレンジしたもので、たこや大豆、キャベツ、トウモロコシなどが入っています。

### Q クイズ

給食で人気の「あげパン」が生まれたのはいつごろ？

1. 10年前
2. 25年前
3. 70年前

答えは次のページ　55

# 世界の給食を見てみよう

世界にも学校給食がある国がたくさんあります。世界の子どもたちは、どんな給食を食べているのでしょうか。

##  世界ではどんな給食が出るの？

世界では、給食のある国もあれば、ない国もあります。給食がない国では、お弁当を持って行ったり、いったん家に帰って家族と食べたりします。フランスやアメリカなどは、給食を食べるか、お弁当を食べるかを日によって選ぶことができます。

給食のある国でも、日本とはいろいろとちがうところがあります。日本のように、教室で自分たちで準備をして、全校児童がいっせいに食べ始めるのは、世界ではめずらしいです。多くの国では食堂があって、専門のスタッフがよそってくれる給食をうけとり、好きな席を選んで食べるのが一般的です。

アメリカの学校ではスタッフによそってもらったり、用意されたお皿から選んだりできる。

## いろいろな国の給食をくらべてみよう

### アメリカ

- メロン
- パン
- ゆでブロッコリー
- ミルク
- 野菜サラダ
- ベイクドポテト
- チリコンカン

アメリカでは、給食を食べるかお弁当を持っていくかは各自の自由です。給食はいくつかのメニューから好きなものを選ぶことができます。「チリコンカン」は、豆とひき肉、野菜をにこんだスパイシーな料理で、アメリカ人が大好きな料理です。

### フランス

- 野菜サラダ
- バナナ
- ムース
- 水
- カスレ
- パン

フランスの給食のこんだては、前菜、メイン料理、パン、デザート（またはヨーグルト）がそろったコース料理で、ナイフとフォークを使って食べます。「カスレ」は油でにたとり肉と豆や野菜をにこんだフランス南西部の郷土料理です。飲み物は水が一般的です。

写真：DC Central Kitchen 　　写真：Chamelle Photography

56　55ページのクイズの答え　3 70年前

写真：ヒルトゥネン久美子

## フィンランド

- グリーンピースのスープ
- 水
- ライ麦パン（バターつき）
- ミニパンケーキ（リンゴンベリージャムぞえ）

フィンランドの学校では70年以上前から無料で給食を出しています。食堂で好きな料理を好きなだけ取ることができるビュッフェ形式です。グリーンピースのスープは、週に一度は給食に出るフィンランドの家庭料理です。

## タイ

- 冬瓜のスープ
- ソース
- ソース
- ランブータン
- カオマンガイ

1枚のプレートに、ごはんやおかず、くだものがバランスよくもりつけられます。あきないように、めんの日もあります。「カオマンガイ」はとりのスープでたいたごはんに、ゆでたとり肉をのせたタイ料理です。「ランブータン」は東南アジアでとれるくだものです。

## 韓国

- いかとぶた肉のキムチいため
- ズッキーニのナムル
- キムチ
- とうもろこしご飯
- 青菜のスープ

韓国では「シッパン」というくぼみのあるプレートに、ごはん、汁もの、おかずがもりつけられます。韓国らしく、キムチはかならずつきます。「ナムル」はゆでた野菜や山菜をごま油であえた、韓国の家庭料理です。

## ブラジル

- ごはん
- ゆでたまご
- フェイジョン
- 肉料理
- パパイヤ

ブラジルでは豆とごはんが主食です。給食のこんだては、「フェイジョン」という豆のにものにごはん、肉や魚のおかず、近くの農家から仕入れた新鮮な野菜やくだものがつくことが多いです。

※ここで紹介している各国の給食は一例です。同じ国でも給食の有無やメニューにちがいがあります。

57

# 子どもたちの未来を開く学校給食

東アフリカの国ルワンダのバンダ村で給食の支援を受ける子どもたち。

世界には、まずしさから学校に通えず、満足に食事ができない子どもたちがたくさんいます。そんなこどもたちにあたたかい給食をとどける活動が行われています。

## 給食が学校に通うきっかけに

開発途上国では、畑仕事や水くみなど家の仕事を手伝うため、学校に通うことができない子どもがたくさんいます。また、まずしさのために食事がじゅうぶんにとれずに、おなかがすいて勉強に集中できない子どもたちも少なくありません。

こうした子どもたちのために、国際的な団体などの協力で、学校給食の支援が行われています。毎日栄養たっぷりの給食が食べられることが、学校に通うきっかけになり、教育を受ける機会につながっています。

子どもたちは給食の栄養にささえられて、勉強にはげみ、未来に希望を持つことができるようになっています。

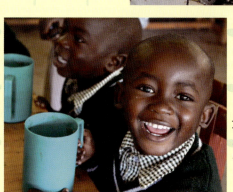

バンダ村の子どもたちが食べる給食は、ソルガム（タカキビ）やとうもろこし、大豆の粉をにこんだ栄養たっぷりのおかゆ。

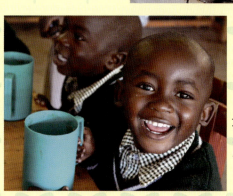

大きなカップでくばられるおかゆを最後の1てきまでのこさず食べます。

写真（3点とも）：TABLE FOR TWO

# つくってみよう！給食の人気メニュー

学校給食から生まれたご当地メニューをつくってみよう！

 キムタクごはん

「キムタクごはん」は、昔からつけものをよく食べる習慣がある長野県の塩尻市で、子どもたちにもつけものをおいしく食べてもらいたいと、栄養士が考えたメニューです。

ユニークな名前は、キムチの「キム」と、たくあんの「タク」を組み合わせたもの。

たくあんのあまさとキムチのすっぱさが合わさった味と、たくあんのポリポリとした食感が人気のひみつです。

 **材料（二人分）**

- ごはん（たきたて）　1合分
- ベーコン　2枚
- キムチ　45g
- たくあん　45g
- うすくちしょうゆ　小さじ1
- サラダ油　小さじ1

 **つくり方**

1. キムチとたくあんを、2cm幅にきざむ。キムチの汁はとっておく。
2. ベーコンを1cm幅に切る。
3. フライパンにサラダ油をしき、ベーコンをいためる。
4. きざんだキムチとたくあん、キムチの汁を加えて軽くいためる。
5. うすくちしょうゆを加えて味をととのえる。
6. 5をあたたかいごはんにまぜこむ。

※食物アレルギーのある人は、原因になる食品を使わないように注意しましょう。
　包丁や火を使うときは、おうちの人といっしょにやりましょう。

# チキンチキンごぼう

　油であげたとり肉とごぼうに、あまからいたれをからめた「チキンチキンごぼう」は、学校給食から生まれて山口県の名物になった料理です。

　給食に新しいメニューをとり入れたいと、小学校の栄養士が家庭のオリジナル料理をぼしゅうして、おうぼされたレシピを元につくり出したのがはじまりです。給食に出すと、たちまち人気になり、家庭やまちの店にも広まりました。

##  材料（二人分）

- とりもも肉　240g
- 塩・こしょう　少し
- ごぼう　100g
- 酢　少し
- かたくり粉　大さじ2
- サラダ油（あげ油）適量
- えだ豆
（塩ゆでしてむいたもの）40g

**A**
- 酒　小さじ4
- みりん　小さじ4
- さとう　小さじ4
- しょうゆ　小さじ4

##  つくり方

1. とりもも肉をひと口大に切って、塩・こしょうをふる。
2. ごぼうをななめうす切りにし、酢を入れた水にさらしてから水気をとる。
3. ポリぶくろにとりもも肉とかたくり粉大さじ1を入れて口をとじてふり、とりもも肉にかたくり粉をまぶす。
4. とりもも肉をポリぶくろからとり出し、ごぼうとかたくり粉ののこりを入れて、ごぼうにかたくり粉をまぶす。
5. フライパンにサラダ油を入れて170℃に熱し、4のごぼうを入れて、カラッとあげてとり出す。
6. 5のフライパンに4のとりもも肉を入れて、こんがりときつね色になるまであげてとり出す。
7. 別のフライパンに**A**を入れて、ひとにたちさせて火を止める。
8. 7に5と6を入れてからめ、えだ豆を加える。

# トリニータ丼

　大分県民が大好きなとり肉と、大分県産のニラをたっぷり使ったどんぶりごはん「トリニータ丼」は、大分県の学校給食から生まれたメニューです。

　大分県はニラの生産がさかんで、子どもたちに地元産のニラをたくさん食べてほしいと、栄養士が考えました。

　名前は、地元のプロサッカーチーム「大分トリニータ」にもちなんでいます。

## 材料（二人分）

- とりもも肉　150g
- かたくり粉　大さじ1
- サラダ油（あげ油）適量
- ニラ　20g
- ごはん　1合分

**A**
- 塩・こしょう　少し
- 酒　小さじ2分の1
- おろししょうが　小さじ3分の1
- おろしにんにく　小さじ4分の1

**B**
- しょうゆ　小さじ2
- さとう　大さじ2分の1
- ごま油　小さじ4分の1
- コチュジャン　小さじ3分の1
- 酒　小さじ2分の1

## つくり方

1　とりもも肉をひと口大に切り、**A**をまぶして下味をつける。

2　ニラを2cmの長さに切る。

3　ポリぶくろに**1**のとりもも肉とかたくり粉を入れて、口をとじてふり、とりもも肉にかたくり粉をまぶす。

4　フライパンにサラダ油を入れて170℃に熱し、**3**のとりもも肉を入れて、こんがりときつね色になるまであげる。

5　別のフライパンにニラと**B**を入れて、ひとにたちさせて火を止める。

6　**5**に**4**のとりもも肉を加えて、たれをからめる。茶わんにあたたかいごはんをもり、**5**をのせる。

# さくいん

## あ

- あげパン ………… 47、49、55
- 我孫子産野菜の日 ………… 27
- 一汁三菜 ………… 6
- 栄養教諭 ………… 20
- 栄養士 ………… 20-24、37、59-61
- SDGs ………… 36

## か

- 開発途上国 ………… 58
- 学校給食感謝の日 ………… 45
- 学校給食コーディネーター ………… 27
- 学校給食週間 ………… 45
- 学校給食発祥の地 ………… 44
- 学校給食法 ………… 4-5、45
- カルシウム ………… 7、11
- カレーの日 ………… 53
- 完全給食 ………… 45
- 管理栄養士 ………… 20、23
- 規格外野菜 ………… 37
- キムタクごはん ………… 59
- 給食調理場 ………… 12-13
- 牛乳 ……… 6-7、10-11、30、45-47
- 郷土料理 ………… 50-52
- くじらのたつたあげ ……… 45-46、53

- くだもの ………… 6-7、31
- コッペパン ………… 45-47
- 五大栄養素 ………… 8-9
- ご当地グルメ ………… 52
- 子ども食堂 ………… 42-43
- 米 ………… 13、17、29、34
- 小麦 ………… 29
- こんだて ‥ 6-7、12、20-25、27、48、54

## さ

- 栽培漁業 ………… 28、32
- 先割れスプーン ………… 47
- 脂質 ………… 8、10
- 施設栽培 ………… 32
- 主菜 ………… 6-7
- 主食 ………… 6-7、45-47
- 食品ロス ………… 34-37
- 食物せんい ………… 8、10
- 食器 ………… 47
- 水産物 ………… 28
- 3R ………… 37
- 生乳 ………… 30
- セレクト給食 ………… 48
- 全国学校給食甲子園 ………… 24-25
- ソフトめん ………… 47

## た

| | |
|---|---|
| 脱脂粉乳 | 45-46 |
| たまご | 28、31、41 |
| 炭水化物 | 8、10 |
| たんぱく質 | 8、10-11 |
| チキンチキンごぼう | 60 |
| 畜産農家 | 28 |
| 地産地消 | 24、26-29 |
| 地産地消コーディネーター | 27 |
| 調理員 | 12、19-20、24 |
| 鉄 | 11 |
| 伝統野菜 | 33 |
| 糖質 | 8 |
| トリニータ丼 | 61 |

## な

| | |
|---|---|
| 肉 | 7-8、13、28、37、46 |
| 乳牛 | 30 |
| 農家 | 27、32 |

## は

| | |
|---|---|
| バイキング給食 | 48 |
| 畑の肉 | 11 |
| ビタミン | 8 |
| ビタミン A | 10 |
| ビタミン C | 11 |

| | |
|---|---|
| ビタミン $B_2$ | 11 |
| ビタミン $B_1$ | 10 |
| 副菜 | 6-7 |
| ブロイラー | 28 |
| 防災給食 | 48 |

## ま

| | |
|---|---|
| マグネシウム | 11 |
| まごわやさしい | 22 |
| マナー | 38、40 |
| ミネラル | 8 |
| 未利用魚 | 28 |

## や

| | |
|---|---|
| 有機農法 | 29 |
| ユニセフ | 45 |
| 養鶏農家 | 31 |
| 養しょく | 28 |

## ら

| | |
|---|---|
| 酪農家 | 30 |
| リサイクル | 37 |
| リデュース | 37 |
| リユース | 37 |
| 漁師 | 28 |
| ローリングストック | 13 |
| 露地栽培 | 32 |

63

**監修　赤松 利恵**（あかまつ　りえ）

同志社女子大学家政学部食物学科管理栄養士専攻卒業、管理栄養士資格取得後、食品会社やクリニックに務める。その後、神戸女学院大学大学院、京都大学大学院を経て、現在はお茶の水女子大学基幹研究院自然科学系教授。博士（社会健康医学）。生活科学部食物栄養学科の教員を務める。2005年度栄養教諭制度発足の時から、栄養教諭の養成に関わっており、文部科学省『食に関する指導の手引（第二次改訂版）』の執筆に携わった。

- 🔴 イラスト　ホリグチイツ
- 🔵 写真撮影　鎌田達也
- 🟢 装丁・デザイン　石山悠子
- 🟡 校正　鷗来堂
- 🔴 編集　グループ・コロンブス
- 🔵 取材協力　一般財団法人武蔵野市給食・食育振興財団、子ども食堂「にこにこ」
- 🟢 写真提供　佐用町学校給食センター（表紙、P9）、PIXTA、Shutterstock

2024年11月30日　第1刷発行

監修　赤松利恵
発行者　小松崎敬子
発行所　株式会社岩崎書店
〒112-0014 東京都文京区関口2-3-3 7F
電話 03-6626-5080（営業）／03-6626-5082（編集）
印刷　三美印刷株式会社
製本　株式会社若林製本工場

© 2024 Group Columbus
Published by IWASAKI Publishing Co., Ltd. Printed in Japan
NDC 374 ISBN 978-4-265-08678-8
29 x 22cm 64P

**岩崎書店ホームページ　https://www.iwasakishoten.co.jp**
ご意見ご感想をお寄せください。　info@iwasakishoten.co.jp

落丁本・乱丁本は小社負担にておとりかえいたします。
本書のコピー、スキャン、デジタル化等の無断複製は著作権法上での例外を除き禁じられています。本書を代行業者等の第三者に依頼してスキャンやデジタル化することは、たとえ個人や家庭内での利用であっても一切認められておりません。朗読や読み聞かせ動画の無断での配信も著作権法で禁じられています。